MAGICAL NOTE

MAGICAL NOTE

MAGICAL NOTE

MAGICAL NOTE

MAGICAL ROTE

MAGICAL NOTE

MAGICAL ROTE

MAGICAL NOTE

MAGICAL NOTE

MAGICAL NOTE

MAGICAL NOTE

MAGICAL NOTE

MAGICAL NOTE

MAGICAL NOTE

MAGICAL NOTE

MAGICAL NOTE

MAGICAL ROTE

MAGICAL NOTE

MAGICAL NOTE

MAGICAL NOTE

MAGICAL NOTE

MAGICAL NOTE

MAGICAL ROTE

MAGICAL NOTE

MAGICAL NOTE

MAGICAL NOTE

MAGICAL NOTE

MAGICAL NOTE

MAGICAL NOTE

MAGICAL NOTE

MAGICAL NOTE

MAGICAL NOTE

MAGICAL NOTE

MAGICAL NOTE

MAGICAL NOTE

MAGICAL ROTE

MAGICAL NOTE

MAGICAL NOTE

MAGICAL NOTE

MAGICAL NOTE

MAGICAL NOTE

MAGICAL ROTE

MAGICAL NOTE

MAGICAL NOTE

MAGICAL NOTE

MAGICAL NOTE

MAGICAL NOTE

MAGICAL NOTE

MAGICAL LORE

MAGICAL NOTE

MAGICAL NOTE

MAGICAL NOTE

MAGICAL NOTE

MAGICAL NOTE

MAGICAL NOTE

Made in the USA
Monee, IL
17 April 2022

94899540R00070